Z. Payen
383.

Journal des Beaux Arts et des Sciences
premier Supplément
par Moutard quai des augustins
1774

tome 5
page 325

Lettre adressée aux auteurs du journal des beaux Arts et des Sciences, au sujet des voyages de Michel de Montaigne, par M. Prunis, chanoine régulier de Chancelade (1). Je viens de voir le compte que vous avez rendu des voyages de Michel de Montaigne. Je ne sais si c'est par honnêteté pour l'éditeur, que vous avez gliss é si légèrement sur l'histoire et la découverte du manuscrit de cet ouvrage, ou si c'est parceque vous n'êtes pas instruits de ce qui s'est passé. Comme il y a quelques faits dont il m'importe que le public soit informé, je vous prie d'insérer ma lettre dans votre journal.

Je travaille depuis longtemps à l'histoire du Périgord, (2) conjointement avec M. Leydet mon confrère, pour rendre cette histoire aussi exacte qu'il est possible, nous nous sommes imposé la loi de fouiller dans les diverses archives des principales Maisons du pays. Le château de Montaigne n'a pas été oublié dans nos recherches.

(1) L'abbaye de Chancelade en Périgord, chef d'ordre d'une congrégation de chanoines réguliers a été fondée en 1118. M. Alain de Solminihac y mit la réforme dans le dernier siècle, et les Messieurs sont maintenant renommés dans toute la province.

(2) Histoire très intéressante, peut être, qu'on ne le croit, soit par les recherches et les découvertes abondantes relatives au Droit public, Romain, faites dans les différents dépôts de la Province et même de la capitale Vesagamme; soit par l'antiquité de la ville de Périgueux. L'une des plus anciennes cités des gaules, dont les inscriptions, les amphithéâtres, les temples et autres monuments et principalement les vestiges caractérisés qui se rencontrent dans les actes de son administration prouvent qu'elle a été ou une colonie romaine, ou une municipe; soit par les droits distingués, prérogatives, libertés, et franchises particulières, dont les citoyens jouissent de temps immémoriaux soit enfin par l'histoire naturelle de la province, qui présente dans plus d'un genre des choses propres à exciter la curiosité des plus savants naturalistes.

383

Si le célèbre auteur des Essais est cher à tous les gens de lettres, tout ce qui le concerne doit plus spécialement fixer l'attention de l'historien qui consacre ses travaux à sa patrie. M. le chevalier de Ségur, possesseur actuel de ce château, se fit un plaisir de mettre sous mes yeux tout ce qui avait quelque rapport à mon objet. On me conduisit d'abord dans une chambre assez vaste, connue sous le nom de bibliothèque de Montaigne, et dans laquelle il avait ramassé un grand nombre d'ouvrages rares et bien choisis. Par testament daté de la tour d'Ygrès en Saintonge, le 4 mars 1815, sa fille Éléonore donna cette librairie, accrue de celle de la Boëtie, ami de Montaigne, à l'abbé de Quadepuy de Rochefort, vicaire général d'Auch. Je ne sais en quelles mains elle a passé depuis, mais c'est une perte; on aurait dû conserver à Montaigne même ce précieux recueil d'un grand homme dans le 16ème siècle. Mon travail ne fut pas long dans une bibliothèque où ne voit que les tristes débris des planches pourries. Montaigne y avait fait graver plusieurs sentences adaptées à son génie, je les transcrivis telles que je vous les envoie.
Cependant, je perdais à regret l'espoir de quelque découverte, lorsque je fis réflexion que Montaigne étant gentilhomme, il pouvait s'être conservé quelques anciens titres de famille; je témoignai à M. de Ségur le désir que j'avais d'avoir là dessus, des notions particulières. On me montre un vieux coffre, j'y trouve de vieux papiers; je fouille avec rapidité. Le génie même de Montaigne semblait éclairer mon travail et m'aider à tirer de l'oubli le manuscrit qui y était enseveli depuis tant d'années. Vous pouvez juger, Messieurs, de l'émotion délicieuse que j'éprouvai au moment où il tomba dans mes mains.
J'étais au comble de la joie, je la fis éclater devant M. de Ségur. Je ne sais ce que vous me dites, me répondit-il, je n'ai point entendu parler de cela, on vient très souvent ici et l'on n'a jamais rien trouvé. Je le prie de lire, je prends la plume et j'écris sur l'original: voyages de Michel de Montaigne. Je crois, Monsieur, lui dis-je, que cet ouvrage sera très bien reçu du public; mais il serait trop long pour moi d'en faire une copie exacte chez vous. Je vous prie de me le confier, je vous donnerai une reconnaissance avec promesse de vous rendre l'original. M. de Ségur y consent, et il accepte mon reçu, parce que, me dit-il, ce manuscrit peut avoir été mis dans l'inventaire des papiers, et je dois en rendre compte aux enfants de ma femme.

j'emporte l'ouvrage, je le déchiffre, je le transcris, j'y mets des notes ; M. d'Alembert à qui je fis part de ma bonne fortune voulut bien m'encourager à mon travail par différentes lettres qu'il m'écrivit en province. L'ouvrage fut annoncé dans les journaux ; le public l'attendait avec impatience, et je fis le voyage de Paris, pour le donner à l'impression.

Mais quel fut mon étonnement, lorsque j'appris que M. le chevalier de Ségur se plaignait que je voulais arracher des mains du propriétaire un manuscrit qu'il ne connaissait pas ! Mais mon zèle, ma conduite depuis l'instant de ma découverte, en frappa les yeux de la justice. D'ailleurs, que de moyens pour détruire l'imputation de M. de Ségur !

1°. Je lui ai fait connaître l'ouvrage qu'il n'aurait jamais connu sans moi, je le prouve par le titre que j'ai mis moi-même devant lui sur le manuscrit, Voyages de Michel de Montaigne. Il a encore un reçu de moi, conforme à ce titre et plusieurs lettres écrites à ce sujet.

2°. M. de Ségur, avant mon départ de Montaigne, me donna la liberté de faire imprimer l'ouvrage dont il me devait la découverte. On a voulu me faire entendre qu'il désavouait ce fait, je ne puis le croire, il a donné cette liberté au premier venu et pourquoi me l'aurait-il refusée à moi. De quel droit l'y prétendre, à moi qui avais pour ainsi dire autant de droits que lui sur le manuscrit, puisque sans moi cet ouvrage serait encore dans l'oubli. D'abord mon travail commencé sous ses yeux, il m'en a laissé maître absolu pendant longtemps, ce n'est que lorsqu'il a vu l'ouvrage acquérir de la célébrité et que sa réputation a été faite qu'il a feint de suspecter ma conduite, qu'il a réclamé le manuscrit et qu'il s'est annoncé comme voulant être lui-même l'éditeur du Journal de Montaigne, ainsi que d'autres ouvrages de ce grand homme, qu'il prétend avoir découverts depuis peu.

Le tribunal qui devait nous juger, n'entend que la justice, j'esperois qu'il m'autoriserait à donner à donner au public un ouvrage dont la découverte m'appartient, mais je n'ai pas encore reçu de réponse et cependant l'ouvrage s'est imprimé, et moi, j'attends depuis deux ans, à Paris, avec une patience inimitable, réduit en ce moment à demander au moins et mon reçu et ma copie que je ne puis obtenir tel est le prix que j'ai reçu de quatre années de travaux, de peines et de soins. Le libraire, qui ne savait auquel entendre, fit part de son embarras à M. de Querlon; il lui demanda conseil. Soyez tranquille, mon ami, c'est moi qui ferai revivre Montaigne je ferai une épître dédicatoire où je mettrai au défi de résoudre le problème du maximum et du minimum du procédé scolaire le moins compliqué (1). Je déprécierai le travail de Coste sur les Essais, M. Battery traduira la plaisite de l'Italien, M. Damet fera des notes et tranquille dans mon cabinet je prendrai modestement le titre d'éditeur et quant au véritable auteur de la découverte, j'avouerai qu'il n'a su, ni lire, ni copier, ni traduire, et par là je justifierai l'indispensable nécessité de me choisir. Ni lire, ni copier, ni traduire! M. de Querlon est bien tranchant; cependant comment a-t-il pu savoir que ma copie est très fautive puisque depuis sa mort elle est en dépôt? il n'a donc pu, ni dû, y constater ces fautes nombreuses les omissions dont le sens souffrait assez fréquemment. Au surplus je soutiens le contraire et j'offre de le lui prouver quand il le voudra. J'en excepte ma traduction il peut se faire, qu'il y ait des inexactitudes mais il était inutile de la critiquer, j'ai appris la langue italienne de moi même et pour mon plaisir, aussi ne voulant pas m'en rapporter à moi seul, et non moins prudent que M. de Querlon, mon intention était de faire revoir mon ouvrage par un maitre habile dans cette langue. Je me borne à ces détails j'en supprime beaucoup d'autres.

J'ai l'honneur d'être Messieurs avec l'estime la plus profonde &

    de Tunis, Chan. Rey.

(1) voyez l'épitre dédicatoire des voyages de Montaigne

Journal des Beaux Arts et des Sciences
Paris. Moutard 1774

Avril 1774
page 443
Tome II

Journal du voyage de Michel Montaigne en Italie, par la Suisse et
l'Allemagne en 1580 et 1581 avec des notes, par M. de Querlon
à Rome et se vend à Paris rue St Jacques 1774 in 4º gr. pap. en feuilles
14 liv. avec le portrait de Montaigne ; en 12. 2 vol. gr. pap. 8 livres
In 12 pet. form. 2 vol. 5 liv. 10 sols

La découverte du manuscrit de cet ouvrage est due à M. de Prunis chanoine
régulier de Chancellade, en Périgord; qui ayant entrepris l'histoire
de cette province commença à visiter les archives de l'ancien château
de Montaigne pour y faire des recherches relatives à son objet; il y
trouva, parmi des papiers oubliés dans un vieux coffre, un volume
in-folio de 278 pages en deux écritures différentes: il le parcourut,
et se convainquit que c'était la relation du voyage de Rome dont
parle Montaigne dans ses Essais. Le manuscrit même donne
l'explication de la différence des écritures. Ayant trouvé, dit
l'auteur, à renvoyer mes gens qui conduisaient cette belle besogne
(la relation de ce voyage) et la voyant si avancée, quelque incommode
été ; ce me soit, il faut que je la continue moi-même.

C'est en cet endroit que commence l'écriture de Montaigne qui parle
à la première personne, au lieu que jusqu'alors, le domestique ne
parle qu'à la troisième, quoique le style annonce qu'il écrivait
sous la dictée de son maître.

M. de Prunis ne s'en est pas rapporté à lui seul, il a fait
vérifier l'écriture de Montaigne, et a soumis le manuscrit aux
littérateurs les plus éclairés. Son authenticité est entièrement
prouvée. M. se moche de ce que Montaigne a écrit de sa
main est en Italien. « Maggiamo, dit-il, di parlar un poco questa
altra lingua &. » M. Querlon, qui est l'éditeur de ce manuscrit
acheté, par M. de Prunis, rend compte dans un discours préliminaire
des opérations qu'il a fallu faire, pour le mettre en état d'être

commenté, traduit et imprimé.

Il paraît que ce journal n'est autre chose qu'un mémorial que Montaigne écrivait ou faisait écrire, à mesure que les objets se présentaient, et sans y observer d'autre ordre que celui du temps, mêlant toutes les matières pour les extraire ensuite à son aise. Ses observations sur les choses remarquables des lieux où il passe, sont interrompues par des observations sur sa gravelle ; à la suite d'un détail sur les mariages, les loix d'un pays, on trouve de longues notes sur les effets qu'éprouvent des eaux minérales, sur les pierres et les sables qu'il rendait &. Certainement son intention n'était point de rendre public ce mémorial, tel du moins qu'il l'écrivait ou le faisait écrire.

Montaigne partit de son château le 22 juin 1580 avec un de ses frères Monsieur d'Estissac, et deux ou trois autres personnes. Il s'arrêta quelques jours au siège à La Fère, conduisit à Soissons le corps du comte de Gramont, tué pendant le siège, prit le chemin de la Lorraine, et s'arrêta d'abord aux eaux de Plombières. Il paraît que le principal motif de ses voyages était de trouver dans les eaux minérales un adoucissement à ses maux ; il avait essayé de celles de France, et il voulut voir si celles de Suisse et de Toscane lui seraient plus salutaires. Ce qui fait que son journal est rempli de détails minutieux sur les qualités des eaux, sur les différentes manières dont elles opèrent, soit en boisson, soit par les bains, soit par les douches, sur la différence des unes et des autres. C'est, dit-il, que comme je me suis repenti autrefois de n'avoir pas écrit plus particulièrement sur les autres bains, ce qui aurait pu me servir de règle et d'exemple pour tous ceux que j'aurais vus dans la suite, je veux, cette fois, m'en êter et me mettre au large sur cette matière.

Aussi nous pensons qu'en supprimant ces détails on aurait rendu ce voyage plus intéressant et l'on se serait conformé à l'intention de l'auteur, qui n'a jamais imaginé, quelque envie de parler de lui, qu'on lui suppose, d'instruire la postérité, que tel jour il eut la colique très véhémente qui dura quatre heures, et sent au côté droit avec opération et écoulement de la pierre, que tel autre il urina beaucoup dans le bain, sua plus qu'à l'ordinaire et fit quelqu'autre évacuation ; que dans tel lieu il eut la migraine, dans tel autre mal de dents. Les détails sont fort longs, et tiennent au moins un tiers de l'ouvrage. C'est donc une espèce d'infidélité, de publier des choses qu'un auteur n'a écrites que pour lui ; on pouvait tout au plus conserver celles de ses observations, s'il y en a, qui peuvent entrer dans l'histoire des eaux thermales et qui en constatent les propriétés ; encore fallait-il peut-être en faire une partie séparée.

M. de Querlon a enrichi ce voyage d'un discours préliminaire et de notes, si non prolixes, dit-il, « du moins nombreuses. » Il ne « fallait pas ajouter : il a un désintéressement médiocre, pour résister « à la tentation de se livrer à toutes ses idées, à toute sa verve, en « commentant un écrit de Montaigne ; et je ne sais si l'on ne doit « pas nous tenir encore plus compte de ce que nous nous som- « mes abstenus de faire que du travail que nous avons fait. »

On a accusé Montaigne d'un peu de vanité ; il faut convenir que ce journal, dans lequel il ne cache rien, ne servira pas à le disculper. Dans tous les lieux fréquentés il a soin de laisser l'écarté de ses armes ; dans les auberges ce n'est point à l'hôte, c'est à l'auberge même qu'il le donne, afin qu'il reste quand même la maison changerait de maître ; à Lorette, il sollicite, et obtient par grande faveur, de pouvoir placer dans la Chapelle un tableau en groupe de quatre figures d'argent, celle de Notre-Dame en haut, la sienne, celle de sa femme, et celle de sa fille, avec leurs noms. On peut remarquer dans ce voyage plusieurs traits de cette vanité sur laquelle on s'est tant pressé de le condamner. Il a été le premier à rire de ce siècle. « Si les autres se regardaient atten- « tivement comme je fais, ils se trouveraient comme je fais « pleins d'inanité et de fadaise ; de m'en défaire je ne puis, sans « me défaire moi-même. Nous en sommes tous confits tant « les uns que les autres. » Montaigne, dans ses voyages de Suisse, d'Allemagne et d'Italie, s'est moins attaché à observer les monuments des arts, dont il était plus en état de juger que personne, qu'à examiner les mœurs et les caractères des hommes des différents pays où il voyage.

on retrouve aujourd'hui, en Suisse et en Allemagne les choses presque dans le même état que de Son temps; rien n'y est changé quant au caractère, aux usages, aux vertus et aux vices, et quoique depuis Montaigne ces peuples aient eu l'occasion de prendre nos mœurs, on peut observer que le caractère général de la nation est toujours le même qui peindrait les Allemands d'aujourd'hui trouverait son tableau entièrement conforme à celui que Montaigne en a fait.

Quant au voyage d'Italie, si son journal, dit M. Querlon contient peu de ces descriptions de Statues, de tableaux, d'autres monuments dont tous les voyageurs modernes chargent leurs relations, c'est, comme le dit Montaigne, qu'il y avait dès ce temps-là des livres où tout cela se trouvait. En effet personne ne s'est fait une aussi grande idée de Rome; il disait « Qu'on ne voyait rien de Rome ancienne
« que le ciel sous lequel elle avait été assise; que ceux qui disaient qu'on
« y voyait au moins les ruines de Rome, en disaient trop, car les ruines
« d'une si épouvantable machine rapporteraient plus d'honneurs
« et de révérences à sa mémoire, que ce n'était rien que son sépulcre;
« que le monde, ennemi de sa longue domination, avait premièrement brisé et fracassé toutes les pièces de ce corps admirable,
« et parce qu'encore, tout mort, renversé et défiguré, il lui faisait
« horreur, il en avait enseveli la ruine même … que ces petites
« montres de sa ruine qui paraissent encore au dessus de sa bière
« c'était la fortune qui les avait conservées, pour le témoignage
« de cette grandeur infinie que tant de Siècles, tant de feux, la
« conjuration du monde réitérée à tant de fois à sa ruine, n'avait
« pu universellement éteindre; que les bâtiments de cette Rome
« bâtarde qu'on allait à cette heure attachant à ces masures,
« quoiqu'ils eussent de quoi ravir en admiration nos siècles présents,
« lui faisaient ressortir proprement des nids que les moineaux
« et les corneilles vont suspendant en france, aux voûtes
« et aux parois des églises que les Huguenots viennent d'y
« démolir. Encore Montaigne craignait-il « à voir l'espace
« qu'occupe ce tombeau qu'on ne le reconnut pas tout, et
« que la sépulture ne fut elle même pour la plupart ensevelie
Quelles idées sublimes et quelle expression simple et magnifique!
Montaigne était Gascon et écrivait ceci en 1580; son intention n'était pas de le publier sans le corriger; cependant trouverait-on dans les écrivains de notre Siècle beaucoup de morceaux à comparer à celui-ci? il prouve que lorsque le génie est échauffé par son sujet, la langue dans ceux qui s'étudient

le moins à la partir correctement, vient se plier d'elle même
à l'agent qui la maîtrise et qui la meut.

M. de Querlon avait rapporté ce fragment dans son prospectus,
et nous n'avons pu résister au plaisir de le rapporter encore.
On sent bien qu'un voyage n'est guère susceptible d'être extrait,
et surtout un voyage tel que celui-ci. Excepté tout ce qui regarde
la gravelle, les infirmités de Montaigne, les détails concernant
les bains et les eaux thermales, tout le reste est digne de l'auteur
des Essais.

Il faudrait être de bien mauvaise humeur pour critiquer cet
ouvrage, que Montaigne n'avait fait que pour y avoir
recours en cas de besoin, comme on garde Meubles dans
lequel on entasse indistinctement ce qui peut servir encore
et qu'on se propose de réformer. Cependant, pour donner une
idée des observations de Montaigne voilà quelques traits que
nous prenons sans choix : « à Kinief, petit village du cercle
« de Bavière, il remarqua que les Jésuites qui gouvernaient fort en
« cette contrée, avaient mis un grand mouvement, par les fêtes
« hais du peuple pour avoir fait jurer les prêtres de traiter leurs
« concubines, sous grandes peines et à les en voir plaidée et
« semble, gentiment. Montaigne, qu'anciennement éclateur
« fut si blâmé puis on avoient comme d'une chose légitime
« et tout encore aussi à faire la visite des remontrances à
« leurs Tues. » Presque toujours Montaigne rapporte ce qui
voit sans y ajouter aucune réflexion se réservant sans
doute de les faire lorsqu'il mettrait en œuvre les matériaux
qu'il rassemblait.

Nous avons rapporté, dans notre premier supplément
quelques détails sur les flagellants de l'Allemagne ; Montaig.
s'étend sur ceux de Rome, en parlant des confrairies qui
se promènent en troupe le Jeudi Saint : « au milieu de
« rangs est une file de pénitenciers qui se fouettent avec des
« cordes, de quoi il y en avait cinq cents pour le moins, l'échine

« toute écorchée et ensanglantée d'une pitieuse façon. C'est une
« énigme que je n'entends pas bien encores; mais ils sont tous
« meurtris et cruellement blessés, et se tourmentent et battent
« incessamment. Si est ce qu'à voir leur contenance, l'asseurance
« de leurs pas, la fermeté à leurs marches (car j'en ou passer plusieurs)
« leurs visages (car plusieurs estoient descouverts par la rue) ils ne
« paroistroient pas seulement qu'ils feissent en action pénible
« voire ni serieuse et s'il y en avoit de douze ou seize ans tout
« contre moi, il y en avoit un fort jeune qui avoit le visage agré-
« ablé; une jeune femme plaisonnait à le voir ainsi blessé: il
« se tourna vers nous et me dit en riant, basta cicè che fo questo
« per li lui peccati, com per li mici. Tous les voyez s'entrelenir
« d'autres choses, rire, esbattre en la rue, courir, sauter comme il
« se fait à une si grande presse où les sangs se trouvent. Il y
« a des hommes parmi eux qui leur présentent à boire, aucuns
« en prennent une gorgée..... On me dit bien qu'on graissoit
« leurs épaules avec quelque chose; mais j'ai veu la place si
« vive, et s'offence si longue qui n'y a nul médicament qui
« en sust ôter le sentiment, et vinssent eux qui s'y louent, à quoi
« faire si ce n'étoit qu'une songerie? &»

Il y auroit encore bien des observations à faire sur le manuscrit
de Montaigne, qui ont échappé à ses éditeurs mais ces
détails nous mèneraient trop

VOYAGES
DE MONTAIGNE,
NOUVELLEMENT DÉCOUVERTS.

AVIS INTÉRESSANT

Sur les Voyages de Michel de Montaigne, nouvellement recouvrés.

Montaigne, dans le troisieme livre de ses ESSAIS, chapit. IX, parle de ses Voyages, & particulierement de celui de Rome. Il rapporte même tout au long les lettres de Bourgeoisie Romaine qui lui furent accordées par les Conservateurs du Peuple Romain. On savoit donc que Montaigne avoit voyagé en Italie, en Allemagne, &c. Et comment étoit-il possible qu'un Observateur de cette trempe, n'eût rien écrit de ses Voyages ? Que cet Ecrivain, qui a rempli ses Essais de détails personnels & domestiques, n'eût point laissé de relations, ou du moins de curieuses notes sur tout ce qui l'avoit frappé ? Cependant on n'en avoit aucunes traces, & depuis cent quatre-vingt ans qu'il est mort, on ne pensoit plus à ses Voyages.

M. l'Abbé *Prunis*, Chanoine Régulier de Chancelade en Périgord, parcouroit cette Province, pour faire des recherches relatives à une Histoire du Périgord qu'il a entreprise. Il arrive à l'ancien château de Montaigne, possédé par *M. le Comte de Segur de la Roquette*, pour en consulter les archives, s'il s'y en trouvoit. On lui montre un vieux coffre rempli de papiers, condamnés depuis long-tems à l'oubli, & on lui permet d'y fouiller. Il a le bonheur d'y découvrir le manuscrit original des Voyages de Montaigne, l'unique probablement qui existe. Il obtient de M. de Segur la permission de l'emporter, pour l'examiner à loisir. Après s'être bien convaincu de la légitimité de ce précieux posthume, il fait un voyage à Paris, pour s'en assurer encore mieux par le témoignage des gens de Lettres. Le Manuscrit est examiné par d'habiles Littérateurs & par *M. Capperonnier*, Garde de la Bibliotheque du Roi ; il est unanimement reconnu pour l'autographe des Voyages de Montaigne.

L'Ecriture, le papier, le langage, sont d'abord incontestablement de la fin du XVIe siecle ; & dans toute la narration, on ne sauroit méconnoître le style inimitable des *Essais*, ou la naïveté, la franchise, la vigueur & l'expression pittoresque qui forment comme le cachet de Montaigne. Un tiers seulement du Manuscrit, est de la main d'une espece de Secrétaire qui parle de son maître à la troisieme personne & qui sans doute écrivoit sous sa dictée. Tout le reste, où Montaigne lui-même parle à la premiere personne, est écrit de sa propre main ; on a vérifié l'écriture. Le Libraire qui a l'ouvrage se fera d'ailleurs un plaisir de montrer l'original à tous ceux qui desireront le connoître.

A

Un Ouvrage de cette nature n'avoit besoin que d'être annoncé pour intéresser vivement les Philosophes, les Gens de Lettres & les Gens du monde. A ne considérer ces Voyages que comme un monument historique qui représente l'état de Rome & d'une grande partie de l'Italie, tel qu'il étoit vers la fin du XVIe siecle, ils auroient déja bien leur prix. Mais la façon dont voyoit Montaigne; mais l'énergie, la vérité, la chaleur que l'esprit le plus philosophique & la plus ardente imagination imprimoient à toutes les idées qu'il recevoit ou qu'il produisoit, le rendent infiniment plus précieux.

On jugera du mérite de l'Ouvrage par ce seul morceau sur la ville de Rome, dont rien certainement n'approche dans le grand nombre de descriptions & de relations en toutes langues, qu'on a de cette ville célebre. C'est encore le Secrétaire qui parle..... » IL DISOIT (*Montaigne*) qu'on
» ne voioit rien de Rome que le ciel sous lequel elle avoit esté assise, &
» le plant de son gîte; que cette science qu'il en avoit, estoit une science
» abstraite & contemplative, de laquelle il n'y avoit rien qui tumbat sous
» les sens; que ceus qui disoient qu'on y voioit au moins les ruines de
» Rome, en disoient trop : car les ruines d'une si espouvantable machine,
» rapporteroient plus d'honneur & de révérence à sa mémoire; ce n'étoit
» rien que son sépulcre. Le monde, ennemi de sa longue domination,
» avoit premierement brisé & fracassé toutes les pieces de ce corps admira-
» ble; & parce qu'encore tout mort, renversé & desfiguré, il lui faisoit hor-
» reur, il en avoit enseveli la ruine mesmes; que ces petites montres de sa
» ruine qui paressent encores au-dessus la bierre, c'estoit la Fortune qui les
» avoit conservées pour le tesmoingnage de cette grandeur infinie que tant de
» siecles, tant de feux, la conjuration du monde réitérée à tant de fois à
» sa ruine n'avoit peu universellement esteindre; mais qu'il estoit vraisem-
» blable que ces mambres desvisagés qui en restoient, c'estoient les moins
» dignes, & que la furie des ennemis de cette gloire immortelle, les
» avoit portés premierement à ruiner ce qu'il y avoit de plus beau & de
» plus digne. Que les bastimens de cette Rome bastarde qu'on aloit
» asthure atachant à ces masures antiques, quoiqu'ils eussent de quoy ravir
» en admiration nos siecles présents, lui faisoient resouvenir proprement
» des nids que les moineaux & les corneilles vont suspendant en France aus
» voutes & parois des Eglises que les Huguenots viennent d'y démolir. Encore
» creignoit-il à voir l'espace qu'occupe ce tumbeau qu'on ne le reconnut
» pas tout & que la sépulture ne fut elle-mesmes pour la pluspart ensevelie;
» que cela, de voir une si chetifve descharge comme de morceaus de
» tuiles & pots cassés estre anciennement arrivée à un monceau de gran-
» deur si excessive (1) qu'il égale en hauteur & largeur plusieurs naturelles
» montaignes (car il le comparoit en hauteur à la Mote de Gurson &
» l'estimoit double en largeur) c'estoit une expresse ordonnance des destinées,
» pour faire sentir au monde leur conspiration à la gloire & prééminance
» de cette ville, par un si nouveau & extraordinaire tesmoingnage de sa
» grandeur. Il disoit ne pouvoir aisément faire convenir, vu le peu d'espace

(1) C'est le *Monte testaceo*.

» & de lieu que tiennent aucuns de ces sept monts, & notamment les plus
» fameux, come le *Capitolin* & le *Palatin*, qu'il y ranjat un si grand nom-
» bre d'édifices. A voir seulement ce qui reste du Temple de la Paix, le long
» du *Forum Romanum*, duquel on voit encores la chute toute visve, comme
» d'une grande montaigne, dissipée en plusieurs horribles rochiers, il ne
» semble que deux tels bâtimens peussent tenir en toute l'espace du mont
» du Capitole, où il y avoit bien 25 ou 30 Temples, outre plusieurs mai-
» sons privées «.

» MAIS à la vérité plusieurs conjectures qu'on prent de la peinture de
» cette ville ancienne, n'ont guiere de vérisimilitude; son plant mesmes estant
» infiniment changé de forme, aucuns de ces vallons estans comblés, voire
» dans les lieux les plus bas qui y fussent, comme, pour exemple, au lieu
» de *Velabrum*, qui, pour sa bassesse, recevoit l'esgout de la ville, & avoit
» un lac, s'estant eslevé des mons de la hauteur des autres mons naturels
» qui sont autour de là ; ce qui se faisoit par le tas & monçeaux des rui-
» nes de ces grans battimens. Et le *Monte Savello* n'est autre chose que la
» ruine d'une partie du Téatre de Marcellus. Il croioit qu'un antien Ro-
» main ne sçauroit reconnoître l'assiete de sa ville quand il la verroit, il
» est souvent avenu qu'après avoir fouillé bien avant en terre, on ne ve-
» noit qu'à rencontrer la teste d'une fort haute colonne, qui estoit encore
» en pied au dessous.

» ON n'y cherche point d'autres fondemens aus maisons que des vieilles
» masures ou voutes, comme il s'en voit au-dessous de toutes les caves ni
» encore l'appui du fondement ancien : ni d'un mur qui soit en son assiete,
» mais sur les brisures mesmes des vieux bastimens, comme la fortune les
» a logés en se dissipant, ils ont planté le pied de leurs palais nouveaux,
» comme sus de gros lopins de rochiers fermes & assurés. Il est aisé à voir
» que plusieurs rues sont à plus de trente pieds profond au-dessous de cel-
» les d'a cette heure «.

LE JAY, Libraire à Paris, rue Saint-Jacques, au Grand Corneille, par
la médiation de M. le Marquis de Segur, a fait l'acquisition de cet Ouvrage, & va le mettre au plutôt sous presse. Or, comme les *Essais de
MONTAIGNE* sont imprimés sous divers formats, pour la commodité de ceux
qui ont quelqu'une de ces Editions, & pour la symétrie des cabinets, il se
propose aussi d'imprimer ses VOYAGES en trois formats différens : savoir,
in 4°, grand papier, *in*-12, grand papier, & *in*-12, petit papier. L'Edition
in 4°, en un seul volume, sera conforme à la belle Edition des Essais, sous
le titre de Londres, imprimée chez Thompson. Les deux Editions *in*-12, seront
de même assorties aux Editions des Essais du même format.

ON ne se permettra point de faire la plus légere altération à l'Ouvrage :
on en conservera jusqu'à l'ortographe. L'imprimé représentera, dans la plus
scrupuleuse exactitude, toute la substance du manuscrit original.

A ij

Le véritable portrait de Montaigne, bien différent de celui qui est à la tête du Montaigne de Londres, sera gravé par M. *de Saint-Aubin* de l'Académie Royale de Peinture, d'après l'original peint à Rome, pendant le séjour que Montaigne y fit, & il sera mis à la tête des Voyages. M. le Marquis de Segur, qui l'a entre les mains, a bien voulu le communiquer, pour le faire graver.

L'Edition *in-*4°. est proposée par souscription, & le prix *en feuilles* est *de douze livres.*

On payera en souscrivant . . . . . 9 liv.

En retirant l'Exemplaire . . . . . 3 l.
_____
12 l.

La souscription ne sera ouverte que jusqu'à la fin de Décembre 1772. Passé ce tems, le prix de ce volume sera fixé irrévocablement à 18 liv. *en feuilles.* On n'en tirera même de ce format que suivant le nombre des Souscripteurs qui se seront présentés. Ils sont assurés d'avoir les premieres épreuves du Portrait.

On ne peut fixer au juste le tems où cet Ouvrage paroîtra, parce que les soins & les attentions qu'on apportera pour la correction des épreuves & l'observation de l'ortographe originale, ne permettront pas d'avancer aussi vite qu'on pourroit le faire pour un Ouvrage moderne; mais il sera sûrement prêt vers le mois de Mars prochain.

Le tems précis de sa publication, sera indiqué dans les Journaux.

Les deux formats *in-*12 ne seront pas moins soignés que l'Edition *in-*4°; ils seront aussi décorés du portrait de Montaigne.

Les Libraires de Province, qui voudront faire des abonnemens, ou prendre des arrangemens pour quelqu'une de ces Editions différentes, pourront adresser leurs propositions au Libraire, qui leur donnera toutes les facilités possibles.

Lu & approuvé. A Paris, ce 4 Septembre 1772. MARIN.

Vu l'approbation. Permis d'imprimer ce 5 Septembre 1772. DE SARTINE.

EXTRAIT DU CATALOGUE DES LIVRES
de Fonds & d'Assortimens qui se trouvent chez LE JAY, Libraire, rue Saint-Jacques.

AMOURS de Lucile & de Doligny, 2 part. in-12. br. — 2 l. 8 s.
Amours de Cherale & d'Ismene, (les) suivies du Bon Génie, brochure in-12. — 2 l.
Analyse & Questions de Droit Public, 1 vol. in 8. pet. p. — 2 l. 8 s.
Argilan, ou le Fanatisme des Croisades, Tragédie en cinq actes en vers, par M. Fontaines, in-8. fig. — 2 l. 8 s.
Aveugle de Palmyre, (l') Comédie Pastorale en deux Actes, mêlée d'ariettes, par M. Desfontaines, in-8. — 1 l. 4 s.

BERGERE des Alpes, (la) Comédie en deux actes en vers, par M. Desfontaines, in-8. — 1 l. 4 s.
Bibliotheque (nouvelle) de Campagne, ou Choix des Episodes les plus intéressans & les plus curieux, tirés de tous les meilleurs Ouvrages, tant Romans, Poëmes, Histoires, &c. anciens & nouveaux, 6 vol. rel. in-12. — 18 l.
Ouvrage vraiment fait pour la Campagne, par la variété & le choix des Histoires & Episodes qu'il contient, la plupart tirés des Romans anciens qu'on ne lit plus, mais dans lesquels il se trouve, parmi beaucoup de fatras, des descriptions qui attachent & qu'on lit avec plaisir.
Bibliotheque d'un Homme de Goût, ou Avis sur le choix des meilleurs livres écrits en notre langue, sur tous les genres de Science & de Litérature, avec les jugemens que les Critiques les plus impartiaux ont porté sur les bons Ouvrages qui ont paru depuis le renouvellement des Lettres jusqu'en 1772, 2 vol. in-12. pet. p. — 5 l.

CHEFS-D'OEUVRES (les) de M. de Sauvages, ou Recueil de Dissertations qui ont remporté le prix dans différentes Accadémies, auxquels on a joint la Nourrice marâtre du Chevalier l'ainé, 2 vol. in-12. — 5 l.
Choix de Contes & de Poésies Erses, 2 part. in-12. — 2 l. 8 s.
Chronologiste, (le) Manuel pour servir d'introduction au Géographe manuel, dans lequel on trouve les principales époques de l'Histoire de chaque Peuple; la succession des Patriarches, Juges & Rois Hébreux; de tous les Souverains des grandes & petites Monarchies de l'antiquité, des Empereurs Romains, &c. des Papes, des Monarques de l'Histoire Moderne, &c. 1 vol. du même format que le Géographe Manuel. — 2 l. 10 s.
Cet Ouvrage, d'une utilité générale & d'un usage journalier, est beaucoup plus commode que les Tablettes Chronologiques de M. l'Abbé Lenglet Dufresnoy, par l'ordre & la netteté qu'on y a répandu. Il est divisé en deux Livres; le premier est consacré à l'Histoire Sainte & Ecclésiastique, & le second à l'Histoire Profane ancienne & moderne. A la tête de chaque chapitre & de chaque Etat, il y a quelques remarques historiques sur les principales époques, le génie, les usages des Peuples & les révolutions qu'ils ont essuyés. Enfin on n'a rien oublié pour que cet Ouvrage, dans la petitesse, renferme ce qu'il y a de plus essentiel dans les gros volumes des Savans du siecle passé & du siecle présent.
Commentaires sur les Mémoires de Montecuculi, Généralissime des Armées de l'Empereur, par M. le Comte Turpin de Crissé, Maréchal des Camps & Armées du Roi, 3 vol. in-4. avec un très-grand nombre de Planches. — 48 l.
Contes Moraux, par M. Mercier, 2 part. in-12. fig. — 3 l. 12 s.
Coutume de Lorris, Montargis, Saint-Fargeau, Châtillon-sur-Loing, Sancerre & autres lieux régis & gouvernés par lesdites Coutumes, &c. nouvelle Edition 1771, 2 vol. in-12. très-forts. — 7 l. 10 s.
Curiosités de Paris, de Versailles, Marly, Vincennes, Saint-Cloud, &c. & des environs, avec le nouveau voyage de France, nouvelle Edition, 1771. 3 vol. in-12. — 9 l.
On vend séparément le nouveau voyage de France, 1. vol. 3 l.

DE tout un peu, ou les Amusemens de la Campagne, 2 vol. in-12. br. — 3 l.
Dictionnaire (nouveau) Historique, ou Histoire abrégée de tous les Hommes qui se sont fait un nom par le génie, les talens, les vertus, les erreurs, &c. depuis le commencement du monde jusqu'à nos jours, avec des Tables Chronologiques pour réduire en corps

d'Histoire les articles répandus dans cet Ouvrage, 6 vol. in-8. rel. 36 l.

Le suffrage du Public, l'empressement des Gens de Lettres à se procurer cette excellente Collection de Portraits historiques, trois Éditions qui s'en sont faites en cinq ans, tout lui assure une réputation à l'abri de l'envie & de la cabale. Avant que la dernière Édition, qui a paru au commencement de cette année, l'eût enrichi de plus de deux mille articles nouveaux, on convenoit déjà universellement que cet Ouvrage étoit la Collection historique la plus complette, non par l'étendue des matières qui y sont contenues, mais par la justesse des notions abrégées, & cependant suffisantes, qu'on y donne de tout ce qui est du ressort de la Biographie, & par son impartialité.

Dictionnaire (nouveau) François-Italien, & Italien-François, par M. Alberti, 2 vol. in-4. rel. 36 l.

C'est sans nulle comparaison, le plus complet, le plus abondant, le mieux fait encore en ce genre que nous connoissions jusqu'ici ; c'est même un Ouvrage absolument neuf, puisqu'il est enrichi de plus de vingt mille articles qu'on ne trouvera point dans l'*Antonini*. Ce qui le distingue encore de tous les autres, c'est l'intelligence du travail, la fidèle correspondance établie entre les deux Langues, & la facilité qu'elle produit pour bien apprendre l'Italien.

Dictionnaire Poétique portatif, qui contient l'Histoire fabuleuse des Dieux & des Héros de l'Antiquité Payenne, Ouvrage utile & nécessaire pour l'intelligence des Poëtes, &c. 1 vol. in-8. 4 l. 10 s.

Dictionnaire Vétérinaire, & des Animaux Domestiques, contenant leurs mœurs, leurs caractères, &c. par M. Buc'hoz, 3 vol. in-8. fig. 13 l. 6 s.

Dictionnaire Anti-Philosophique, 1 vol. in-8. 5 l.

Discours : combien le Génie des grands Écrivains influe sur l'esprit de leur siecle, couronné à l'Académie de Marseille, suivi de la grandeur de l'Homme, Ode couronnée à l'Académie des Jeux Floraux, par M. de Chamfort, in-8. br. 15 s.

Discours moraux, couronnés dans les Académies de Montauban & de Besançon en 1766 & 1767, sur ces trois questions ? —— Est-il utile à la Société que le cœur de l'homme soit un mystère ? —— Il importe autant aux Nations qu'aux Particuliers, d'avoir une bonne réputation. —— Combien le courage d'esprit est nécessaire dans tous les états, suivis d'un éloge de Charles V, par M. le Tourneur, 1 vol. in-8. br. 1 l. 16 s.

Discours sur le danger de la lecture des livres contre la Religion, par rapport à la Société, in-8. 15 s.

Dona Gratia d'Ataïde, Comtesse de Ménézès, Histoire Portugaise, 1 vol. in-8. br. 2 l.

Éducation (l') de l'Amour, 2 part. in-12. br. 1 l. 8 s.

Effets des Passions, ou les Mémoires de M. de Floricourt, par M. de Fontanelles, 3 vol. in-12. br. 4 l.

Égaremens (les) du Cœur & de l'Esprit, par M. de Crébillon, 3 part. in-12. 3 l. 12 s.

Élégies de Properce, traduites en François, par M. de Longchamps, avec le texte Latin à côté, 1 vol. in-8. belle édition. rel. 7 l. 4 s.

On peut avancer, sans aucune partialité, que cette nouvelle Traduction est la mieux faite que nous ayons, & que le Traducteur bien pénétré de son original, l'a rendu dans toute la vérité possible.

Élite de Poësies fugitives, nouvelle Édition, 5 vol. in-12. 12 l. 10 s.

Éloge de Henri IV, par M. Gaillard, de l'Académie Françoise, qui a remporté le prix à l'Académie de Marseille en 1768. in-8. 1 l. 4 s.

Éloge de Henri IV, par M. de la Harpe, qui a concouru pour le même prix, in-8. fig. 1 l. 4 s.

Entretiens d'une Ame Pénitente avec son Créateur, *mêlés de Réflexions & de Prieres relatives aux divers événemens de la vie, dédiés à la Reine & à Madame Louise*, 3 vol. in-12. rel. 7 l. 10 s.

Époux malheureux (les), ou Histoire de Monsieur & Madame de la Bedoyere, 4 part. in-12. 7 l. 10 s.

Erreurs de M. de Voltaire, sixieme Édition considérablement augmentée, 2 vol. in-12. 6 l.

Essai Historique sur la Chasse, dans lequel on trouve des remarques curieuses & utiles sur les anciennes Chasses, tant étrangères que nationales. Les reglemens anciens & modernes qui ont été faits sur cet objet, & un précis sur les entrées du gibier dans Paris. 1 l. 16 s.

Fables de la Fontaine, 2 vol. in-12. fig. 8 l.
—— Les mêmes, 1 vol. in-12. pet. p. 3 l.
Idem, in-12. gr. p. 3 l.

Géographie (Méthode pour apprendre la) dédiée à Mademoiselle Crozat, 1 vol. in-12. avec cartes. 3 l.

Goût (le) de bien des Gens, ou Recueil de Contes, tant en vers qu'en prose, 3 *vol. in-12. br.* 6 l.

Heureuse Pêche (l'), Comédie pour les Ombres à scènes changeantes, en un acte, en prose. 1 l. 4 f.
Histoire des Maladies de Saint Domingue, suivie d'une Pharmacopée, par feu M. Pouppé Desportes, Médecin du Roi à Saint Domingue, & Correspondant de l'Académie des Sciences, 3 *vol. in-12.* 7 l. 10 f.
Ouvrage très-instructif d'un habile Médecin, utile & nécessaire à toutes les personnes qui vont faire des voyages, ou s'établir dans ces contrées, & même à tous les Praticiens.
Histoire d'Emilie Montague, par l'Auteur de Julie Mandeville, 4 *part. in-12. br.* 4 l.
Histoire nouvelle & impartiale d'Angleterre, depuis l'invasion de Jules César jusqu'à nos jours, traduite de l'Anglois de Barow, 15 *vol. in-12.* 45 l.
Histoire Civile & naturelle du Royaume de Siam, & des révolutions qui ont bouleversé cet Empire jusqu'en 1770, par M. Turpin, 2 *vol. in-12. rel.* 6 l.
Histoire des Celtes, par M. Peloutier, continuée par M. de Chiniac, 2 *vol. in-4.* 30 l.
La même, 8 *vol. in-12. rel.* 24 l.
Histoire de Don-Quichotte, 6 *vol. in 12.* 15 l.
Histoire de Gilblas de Santillane, par M. le Sage, 4 *vol. in-12. fig.* nouvelle Edition *rel.* 10 l.
Histoire Littéraire des Femmes Françoises, 5 *vol. in-8.* 25 l.
Honneur François (l'), ou Histoire des Vertus & des Exploits de notre Nation, depuis l'établissement de la Monarchie jusqu'à nos jours, 8 *vol. in-12.* 14 l.
Homme Sauvage (l'), par M. Mercier, 1 *vol. in-12. rel.* 2 l. 10 f.

Jolie Femme (la), ou la femme du Jour, 2 *vol. in-12. br.* 3 l.

Lettre aux Académiciens du Royaume, & à tous les François sensés, où l'on plaisante sur différens usages établis dans la Société. *in-8.* 1 l.
Lettres de Sophie & du Chevalier de ***, pour servir de Supplément aux Lettres du Marquis de Roselle, 2 *part. in-12. br.*
Lettres Persannes, par M. le Président de Montesquieu, 1 *vol. in-12.* 2 l. 10 f.
Lettres du Chevalier Dorigny, 2 *vol.* 2 l. 8 f.
Loix & Constitutions de Sa Majesté le Roi de Sardaigne, promulguées dans ses Etats en 1770, 2 *vol. in-12. rel.* 6 l.
Ce Code, d'un Monarque sage & éclairé, qu'on nomme à juste titre le Salomon du Midi, mérite l'accueil qu'il a reçu, & d'être placé dans toutes les Bibliothèques.

Magazin des Enfans, par Madame le Prince de Beaumont, 2 *vol. in-12.* 5 l.
—— Des Adolescentes, 2 *vol.* 5 l.
—— Des Jeunes Dames, 3 *vol.* 7 l. 10 f.
—— Des Pauvres, 2 *vol.* 5 l.
Malheurs (les) de l'Amour, 2 *part. in-12. pet. p.* 1 l. 16 f.
Méditations d'Hervey, traduites de l'Anglois, par M. le Tourneur, 1 *vol. in-8.* avec le portrait d'Hervey. *rel.* 5 l.
Les mêmes, 1 *vol. in-12. rel.* 3 l.
Mémoire pour Pierre-Paul Sirven, accusé de l'assassinat de sa fille pour cause de Religion, 1 *vol. in-8.* 2 l. 8 f.
Mémoires du Marquis de Solanges, 2 *vol. in-12.* nouvelle édit. *br.* 3 l.
Mémoires d'une Religieuse, écrits par elle-même, 2 *part. in-12.* 2 l. 8 f.
Mémoires de Madame la Baronne de Batteville, 1 *vol.* 2 l. 10 f.

Naufrage & Aventures de M. Pierre Viaud, natif de Rochefort, Capitaine de Navire, 1 *vol. in-12. br.* 2 l.
Nouveaux Voyages aux Indes Occidentales, par M. Boisu, 1 *vol. in-12. fig. rel.* 4 l. 10 f.
Idem, en un *vol.* 4 l.
Nouvelle Methode du Blason, ou de l'Art Héraldique, par le P. Menestrier, nouvelle Edition, mise dans un meilleur ordre, & augmentée de toutes les connoissances relatives à cette science, 1 *vol. in-8. fig.* 7 l.
Nouvelle Femme (la), ou Histoire de Miss Jenny Westbury, 2 *part. in-12.* 2 l. 8 f.

Nuits d'Young (les) traduites de l'Anglois, par M. le Tourneur, 2 *vol. in-8.*   9 l. 10 f.
Idem, 2 *vol. in-12.*   6 l.
Idem, 2 *vol. p. p.*   5 l.
Idem, en Italien & François, 3 *vol. in-12.*   7 l. 10
Idem, en Italien seulement, 2 *vol. in-12.*   5 l.

OBSERVATIONS Critiques sur la traduction en vers des Géorgiques de Virgile, sur les Poëmes des Saisons, de la Déclamation, de la Peinture, &c. par M. Clément, 1 *vol. in 8. pet. pap. rel.*   3 l. 15 f.
Observations sur la Réponse des Etats de Bretagne, avec la Réponse des mêmes Etats au Mémoire de M. le Duc d'Aiguillon, par M. Linguet, 1 *vol. in-12. br.*   2 l. 10 f.
Observations sur la Physique, sur l'Histoire Naturelle & sur les Arts & Métiers, par M. l'Abbé Rozier. 12 *vol. in-1. br.*   30 l.
Œuvres Dramatiques de Néricault Destouches, célèbre Auteur Comique, 4 *vol. in-4. en feuilles,*   24 l.
Cette superbe Edition, dédiée au Roi, renferme d'excellentes Piéces du Théâtre François, & a été exécutée par ordre de Sa Majesté, à l'Imprimerie Royale, où l'on n'a rien épargné pour la rendre parfaite.
Œuvres diverses d'Young, traduites de l'Anglois, par M. le Tourneur, 2 *vol. in-8. rel.*   10 l.
Les mêmes, 2 *vol. in-12. rel.*   6 l.
Œuvres de Madame Deshoulieres, 2 *vol. in 12. rel.*   4 l.
— De M. de Montesquieu, 3 *vol. in-4.*   36 l.
Les mêmes, 7 *vol. in-12. rel.*   17 l. 10 f.
— Les Chef-d'Œuvres de P. & T. Corneille, 3 *vol. in-12.* avec les Commentaires de M. de Voltaire, *rel.*   9 l.
Origine des premieres Sociétés, des Peuples, des Sciences, des Arts & des idiomes anciens & modernes, 1 *vol. in-8.* de 600 p. *rel.*   6 l.
Ouvrage rempli de recherches, de génie & d'érudition.
Orphelin (l') Anglois, Drame en 3 actes, en prose, *in-8. fig.*   1 l. 10 f.

PIERRE le Grand, Tragédie en 5 actes en vers, par M. de Fontanelle, *in-8.* 1 l. 10 f.
Piété Filiale (la), Drame en 5 actes en prose, par M. Courtial, *in-8.*   1 l. 10 f.
Proverbes Dramatiques, par M. C.... nouvelle édition, augmentée de deux volumes. 6 *vol. in-8. br.*   18 l.
Ces Proverbes, que le Public a si bien accueillis, & qui en ont fait enfanter tant d'autres, viennent d'être réimprimés avec des corrections & augmentations, & principalement avec la costume dans lequel chaque Acteur doit être pour les bien représenter.
On prévient le Public qu'on a supprimé dans cette nouvelle Edition le titre d'*Amusemens de Société*, que portoient les tomes 3 & 4, parce que beaucoup de personnes présumoient qu'ils n'étoient pas du même Auteur, & qu'il s'en débite une contrefaction du format in-12, remplie de fautes & de contresens considérables, & contre laquelle il doit être en garde.

RECUEIL de Romances Historiques, tendres & burlesques, tirées de tous les meilleurs Auteurs, tant manuscrits qu'imprimés, conformes à l'Anthologie Françoise de M. Monet, & faisant suite à cet Ouvrage, *in-8.* avec les airs notés & *fig. br.* 6 l.
Le second Volume paroîtra incessamment.
Recueil de Piéces intéressantes pour servir à l'Histoire de France, contenant la vie des Cardinaux de Richelieu & de Mazarin ; Lettre de Fra-Paolo à l'Abbé de Saint Médard de Suissons ; Introduction à l'Histoire de France, ou Annales des premiers Rois de la Monarchie Françoise. Une Histoire Abrégée de la Donation du Dauphiné, par M. l'Abbé de Longuerue, 1 *vol. in-12. rel.*   2 l. 10
Révolutions d'Italie, traduites de l'Italien, de M. Denina, par M. l'Abbé Jardin, 4 *vol. in-12.*   11 l.
Les tomes V, VI *incessamment.*

SATYRE sur les abus du Luxe, par M. Clément, *in-8.*   15 f.
Sauvage (le) de Taiti aux François, 1 *vol. in-12.*   1 l. 4 f.
Secrétaire (le) du Parnasse, ou Recueil de nouvelles Pieces Fugitives, en vers & en prose, dédié à M. de Voltaire, 1 *vol. in-12. br.*   2 l. 10 f.
Sermons prêchés à la Mission Françoise d'Amsterdam, par le R. P. Girardot, Carme Déchaussé, Visiteur

Visiteur général des Missions Hollandoises, (Avent) un vol. in-12. 2 l. 10 f.
Sermons nouveaux sur les Vérités les plus intéressantes de la Religion, 2 vol. in-12. 7 l. 10 f.
Soldat parvenu (le), ou Mémoires & Aventures de M. de Verval, 2 vol. in-12. 5 l.
Songes Philosophiques, par M. Mercier, 1 vol. in-12. rel. 5 l.
Souper (le), des Petits-Maitres, 2 part. br. en une. 2 l. 8 f.

TABLEAU de l'Histoire de France jusqu'à la fin du Regne de Louis XIV, représentant le caractere & les actions de chaque Roi, 2 vol. in-12. 5 l.
Tableau Philosophique de l'esprit de M. de Voltaire, pour servir de suite à ses Ouvrages, & de Mémoires à l'Histoire de sa vie, 1 vol. in-8. br. 3 l. 12 f.
Le même, 1 vol. in-12. br. 2 l. 10 f.
Tanzaï & Neadarné, Histoire Japonoise, 2 vol. rel. fig.
Testament Politique de M. de Voltaire, in-8. br. 1 l. 4 f.
Théatre du Prince Clenerzow, Russe, par l'Auteur des Proverbes Dramatiques, 2 vol. in-8. br. 6 l.

On reconnoît dans ce Théatre l'Auteur des Proverbes Dramatiques, & dans les différentes Pieces qu'il renferme, le ton & le langage du monde, des caracteres vrais & comiques, des scenes bien dialoguées.

Théatre Allemand, ou Recueil des meilleures Pieces Dramatiques, tant anciennes que modernes, qui ont paru en langue Allemande, &c. traduit par Messieurs Junker & Liebault, 2 vol. in-12. 6 l.
Traité de Paix de Westphalie, par le P. Bougeant, 6 vol. in-12. rel. 15 l.
Traité des différentes sortes de Preuves qui servent à établir la vérité de l'Histoire, par le R. P. Griffet, nouvelle Edition corrigée & augmentée. 2 l. 10 f.
Trapue, Reine des Topinamboux, ou la maitresse Femme, Conte historique & allégorique, 1 vol. in-12. br. 1 l. 16 f.

VARIÉTÉS Littéraires, ou Recueil de Pieces, tant originales que traduites, concernant la Philosophie, la Littérature & les Arts, par Messieurs Suard & l'Abbé Arnaud, 4 vol. in-12. rel. 12 l.

Ce Recueil renferme plusieurs excellens morceaux de Poésie, de Littérature, d'Arts & de Sciences, épars & confondus dans le Journal étranger & dans la Gazette Littéraire, & d'autres qui n'avoient jamais paru. Il présente un choix de Pieces Françoises & beaucoup d'autres de différens genres, traduites la plûpart des Auteurs étrangers les plus célebres. Ces différentes productions servent à faire distinguer le génie, la touche & la maniere, en quelque sorte, des Nations émules qui se disputent le prix de la Littérature & des Sciences. Le Lecteur pourra comparer, juger, ou plutôt sentir par combien de moyens différens le génie se manifeste.

Véridique (le), ou Mémoires de M. de Fillerville, 2 vol. in-12. br. 3 l.
Vicissitudes (les) de la Fortune, ou Cours de Morale, mise en action, 2 vol. in-12. fig. br. 5 l.
Voyages de Richard Pockocke, Membre de la Société Royale de Londres, en Orient, & dans d'autres Contrées, traduits de l'Anglois, par une Société de Gens de Lettres, 9 vol. in-12. 24 l.

Voyages & Aventures de la Princesse de Babylone, par M. de Voltaire, in-8. 2 l.

ŒUVRES DE M. D'ARNAUD, in-8. grand papier, figures.

LE Comte de Comminge, Drame, nouvelle Edition. 4 l. 4 f.
Euphémie, ou le Triomphe de la Religion, Drame. 4 l. 4 f.
Fayel, Tragédie. 3 l.
EPREUVES DU SENTIMENT, tom. prem. br. 12 l.
Ce Volume contient les Pieces suivantes qui se vendent séparément.
Fanni, Histoire Angloise, nouvelle Edition, in-8. fig. 2 l. 8 f.
Lucie & Mélanie, Anecdote, nouvelle Edition augmentée. 2 l. 8 f.
Clary, Histoire Angloise, nouvelle Edition, augmentée. 2 l. 8 f.
Julie, Anecdote Historique, nouvelle Edition, augmentée. 2 l. 8 f.
Nancy, Histoire Angloise, nouvelle Edition augmentée. 2 l. 8 f.
Batilde, Anecdote Historique, nouvelle Edition. br. 2 l. 8 f.

EPREUVES DU SENTIMENT. tom. II.   2 l. 8 f.

Ce Volume qui est actuellement complet, contient les Pieces suivantes, qui se vendent séparément.

Anne Bell, Histoire Angloise.   2 l. 8 f.
Selicourt, Anecdote Historique.   2 l. 8 f.
Sidney & Volsan, Histoire Angloise.   2 l. 8 f.
Adelson & Salvini, Histoire Angloise.   2 l. 8 f.
Sargines, Anecdote Historique.

Les Histoires & Anecdotes qui composeront le tome III des Epreuves du Sentiment, paroîtront successivement.

LAMENTATIONS DE JÉRÉMIE, 1 vol. in-8. pet. p. fig.   2 l. 8 f.

ŒUVRES DRAMATIQUES DE M. MERCIER, in-8. fig. grand pap.

JENNEVAL, ou le Barnevelt François, Drame en 5 actes.   2 l. 8 f.
Le Déserteur, Drame en 5 actes.   2 l. 8 f.
Olinde & Sophronie, id.   2 l. 8 f.
L'Indigent, Drame en 4 actes.   2 l. 8 f.
Le faux Ami, Drame en 5 actes.

Les personnes qui prendront l'Ouvrage complet, broché, payeront   10 l.

AUTRES OUVRAGES DE DIFFÉRENS AUTEURS, en grand papier, in-8. belles figures.

LETTRES de Lord Velfort à Milord Dirton, in-8. fig.   2 l. 8 f.
— De Dulis, à son Ami.   1 l. 16 f.
— De Don Carlos, Infant d'Espagne, à Elisabeth de France.   1 l. 10 f.
Narcisse, dans l'Isle de Vénus, Poëme en 4 Chants, par feu M. Malfilâtre, in-8. fig.   3 l. 12 f.
Le même, in-8. p. pap.   2 l. 8 f.
Poésies Pastorales, suivies de la Voix de la Nature, Poëme; des Lettres de Sainville & de Sophie, & d'autres Pieces en vers & en Prose, par M. Léonard, 1 vol. in-8. gr. p. fig.   3 l. 12 f.
La Peinture, Poëme en trois chants, in-4. belles estampes du dessin de M. Cochin.   6 l.
— Le même Ouvrage, in-8.   3 l.
Phrosine & Melidore, Poëme en 4 Chants, par M. B.... in-8. avec 4 belles estampes.   2 l. 8 f.
Le Temple de Gnide en sept chants, mis en vers par M. Colardeau, in-8. contenant huit estampes, compris le titre, dessinée & gravées par les plus célebres Artistes.   7 l. 10 f.
Panégyrique de S. Louis, prononcé dans la Chapelle du Louvre, le 25 Août 1772, en présence de l'Académie Françoise, par M. l'Abbé Maury, Chanoine & Grand Vicaire de Lombez, in-8.   1 l. 10 f.
Idem, in-8. grand pap.   1 l. 16 f.

On souscrit chez le même Libraire, pour

L'Année Littéraire, par M. Freron.   24 l.
Pour Paris, franc de port.   32 l.
Pour la Province, franc de port.

On trouve aussi chez lui un assortiment de toutes les Nouveautés Littéraires, ainsi que des Œuvres de Théâtre de différens Auteurs.

Paris le 27 Octobre 1772

La maladie de ma belle Mere, Monsieur, la mort de fromentin
frere de ma femme, décédé dans le mois d'Aoust au Cap, Coste de
St Domingue, & d'autres incidens ne m'ont pas laissé le tems de
répondre à votre lettre du 30 Octobre, & c'est avec quelque
confusion que je satisfais à tard à ce devoir.

La Hollande que vous avés visité avoir, nécessairement par la
partie de l'Europe qui a le mieux occupé votre Philosophie. Ce
vaste Marais si bien cultivé, ces digues effrayantes sur lesquelles
s'élevent l'heureux Hollandois dort tranquillement; les efforts
continuels d'une Mer qui semble lutter contre l'industrie du peuple
m'a osé luy donner des chaines, l'étrange fertilité d'un Pays
que les principaux dans de la Nature ont été refusés; l'état immense
du Commerce actif & passif le plus étendu, de tous ces objets
considérés d'un œil aussi philosophique L'aussi juste qu'est le votre
ont du bien enrichir vos mémoires.

Je ne sçavois pas qu'on eu traduit en Anglois votre Voyage
et qu'il s'en fut fait honteusement afflige quelque seconde Edition soit
pirate, en fourcherie... Vous devriez bien faire rougir les Beult de
negliger ainsi ce bon livre, & d'en tirer peu d'entre gens à le dagger.
Quant à votre Tableau de Londres, il ne sçauroit pas manquer d'y
être traduit puisque j'en avois procuré, pour cet objet maléfique,
un Exemplaire à un Abbé Portugais nommé Magellan, qui s'est chargé
J'annonce aussi sans aucun retard la Traduction de M. Nugent
dans la feuille du 9 Decembre prochain. J'aurois jamais imaginé que
ces feuilles feussent connues des Anglois, & je suis encore plus
surpris qu'ils daignent les lire. Cela peut être quelque planche à
l'un père de courtisie, qu'on gne rendue beaucoup, qui leur concilie leur
indulgence. Quoiqu'il en soit, je suis plus flatté d'être un peu
gouté chez gens la que de nos gavaches compatriotes.

M. fromentin mon beau Pere est parfaitement attaché dans Pays;
il ne donne quelque signe de vie que quand il a besoin de sa fille
pour quelque commission ou quelque emplette. Toutes les lettres
qu'elle lui a écrites lui sont restées sans réponse ou n'ont été répondues
que comme le Borges de l'Avocat. Calà lui répond à M. Guillaume.

Au reste il va bientôt être veuf, car Mad.e Fromentin que *j'ai* *mourante chez nous depuis environ deux mois n'a plus que* *quelques jours à vivre. C'est absolument l'humeur ne l'espérance* *C'est nos deux seuls que nous avions nottés à cet point. C'est le zele* *de son fils mort à l'Amerique, dont j'attends l'extrat mortuaire.*

J'ai rencontré quinze fois l'édition irlandoise de *Rabelais 1663, chez un libraire assez bien fourni de bons livres* *à 30 pas de chez moi, à l'entrée même du Luxembourg par la* *rue d'Enfer. C'il marchandoy à 3 ou 4 reprises à l'apri* *le plus modéré où il me dit toujours l'avoir été 15 lt l'ane* *connois rien de plus difficile que d'assortir des livres d'une* *certaine date et surtout les editions d'Hollande ou de Londres* *un peu recherchées. J'ai bien six à sept mille volumes, L'on* *donnerois plus de 50 pour completter mon histoire latine de* *de Thou, in 8.o Et trois ou quatre autres livres de ce mérite.* *et quand je sou quine, ce qui m'arrive souvent lorsqu'il chaque* *fois que j'y vois, le 1.er premier tome de Rabelais m'est tombé* *sous le mains compter que j'en le manquerois pas.*

Ma femme est fort sensible à l'arrêt que vous continuez *de prendre à tout ce qui touche. Ma famille vous fait mille* *remercimens pour son compte.*

La flatterie la plus agréable & celle qu'il est permis de *gouter, est d'être loué par ceux qu'on louë. Ce désir or au dela* *vivre. Vous voyez donc bien qu'intérieurement je suis beaucoup* *plus flatté de ce que vous m'écrites obligeant que de toutes* *les faveurs que je pourrois entendre.*

Vous ne douter plus, Monsieur, de l'attachement qui vous est *tout acquis de la part de votre très vrai serviteur DeQuerlon*

QUERLON (Anne-Gabriel *Meusnier* de), savant littéra-
teur.   Né à Nantes en 1702. M. 1780.

A propos de l'Avocat Catelin, avez-vous remarqué comme moy, que rien n'est plus rare en général que de recevoir une Reponse exacte aux Lettres qu'on écrit. Je ne sçai par quelle bizarrerie la pluspart des Reponses, qu'on reçoit non seulement ne sont jamais nettes, mais souvent ne touchent rien moins que l'objet qu'elles devroient traiter. Depuis près de 30 ans que j'écris, j'ay eu je reçois des Lettres, messieurs, j'ay fait cette Observation que j'ay verifié à ne les tous ces jours. Expliquez moy cela Dr Hackon; car pour moy je porte avec le plus grand soin.

Les Voyages de Montaigne en Italie et dans une partie de l'Allemagne sont actuellement sous presse à Livrat Opus, L'on en a deja plus de six feuilles d'imprimées. Cette édition me coûte beaucoup de recherches et de travail, cependant j'ay déjà fait plus de la moitié des Notes dont l'ouvrage sera necessairement rempli. Notes explicatives des vieux mots et des tours particuliers à Montaigne que tout le monde n'entendroit pas, Notes Geographiques Historiques etc. Je vous avez fait un petit ouvrage à Paris je vous aurois montré le Manuscrit Original et l'écriture naive (c'est à dire à peu près la Table) du bon Montaigne. J'ai maintenant tout cela comme les impressions du Louvre.

A Monsieur

Monsieur Gontier Avocat au
Parlement
Champagne

A. Troyes

VOYAGES
DE
MONTAIGNE.

JOURNAL
DU VOYAGE
DE
MICHEL DE MONTAIGNE
EN ITALIE,

Par la Suisse & l'Allemagne, en 1580 & 1581;

Avec des Notes par M. DE QUERLON.

A ROME, & se trouve *A* PARIS,

Chez LE JAY, Libraire, rue Saint-Jacques, au Grand-Corneille.

M. DCC. LXXIV.

A MONSIEUR
LE COMTE
DE BUFFON,

INTENDANT du Jardin du Roi, de l'Académie Françoise, de l'Académie Royale des Sciences, &c. &c.

MONSIEUR,

LE PREMIER LIVRE qu'on dédia, fut un préfent de l'amitié: le fecond fut un hommage au génie, à la fupériorité des connoiffances, des lumières,

ÉPITRE.

du goût, &c. Je ne chercherai point le motif qui fit dédier le troisiéme. La vanité, l'intérêt & la flatterie ont tout brouillé depuis long-tems chez les hommes : en calculant autant que Newton, on ne trouveroit pas aisément le minimum *ou le* maximum *du procédé moral le moins compliqué.*

Si *je vous présentois,* Monsieur, *quelque bon Ouvrage de Physique, on verroit d'abord le but de mon offrande; mais dans les* Voyages de Montaigne, *il n'y a pas même un trait d'Histoire Naturelle. On demandera donc quel rapport j'ai pû trouver entre Montaigne & Vous ? Plus que n'en pourront imaginer la plus part des Auteurs à Dédicaces entre leurs Patrons & les écrits dont ils leur font les honneurs. Il y a dans les Hommes de génie, quelque intervalle que le genre de leurs facultés semble mettre entre-eux, un point de contact qui les rapproche. J'ai cru l'appercevoir entre l'Observateur des esprits, du cœur humain,*

ÉPITRE.

de lui-même, & le Pline François : il m'est devenu même très-sensible. Ainsi rien ne m'a paru plus simple que de rapprocher ici deux Noms célèbres, qui seront toujours chers aux Gens de bien, aux vrais Philosophes, aux Curieux de la Nature, à toute la Nation, &c. &c.

Je suis avec le respect le mieux fondé chez les hommes, & le plus réel,

MONSIEUR,

Votre très-humble
& très-obéissant serviteur,
QUERLON.

www.ingramcontent.com/pod-product-compliance
Lightning Source LLC
Chambersburg PA
CBHW060717050426
42451CB00010B/1481